Ft

Ft

oder

DAS RECHT AUF FAULHEIT

Kathrin Radke

KUNSTANSTIFTER

6
SCHRITT FÜR SCHRITT

Müßiggang
ist des Buches

Anfang.

8

ANFANG

Das Leben ist kein Garten Eden. Tagein, tagaus müssen dringende Dinge und anstehende Aufgaben erledigt und zahllose Pflichten erfüllt werden. Wir sind gefangen im immer gleichen Alltagstrott, ständig kommt ein Muss daher, selten ein Kann, kaum ein Darf. Klingelt der Wecker, muss man aufstehen, sich anziehen, muss zur Arbeit gehen. Dort muss man pünktlich erscheinen, muss sozialen Kontakt zu Kollegen pflegen, muss produktiv den Tag bezwingen. Nach Feierabend muss man nach Hause laufen, muss gesunde Dinge einkaufen, muss gegebenenfalls mit fast vergessenen Freunden trinken. All das scheint wichtig und irgendwie richtig, denn folgt man nicht dem Ruf der Pflichten, schreit das nimmermüde Gewissen: »Lerne, leiste, schaffe was, dann bist du, kannst du, hast du was!«

Fünf lange Tage sind vergangen, die Werktagswoche ist um. Während der eine eifrig weiter eilt – Termine an Termine reiht, von Verabredung zu Verabredung hastet, niemals ruht und auch nicht rastet, heut' Kaffee mit Désirée, davor ein kurzer Brunch mit Hans, später Steffen treffen, die Yoga-Stunde nicht vergessen, am Abend geht es munter weiter, Theater, Tanz und Vernissage, Kino, Kunst und Vortragsreihe, derweil immer schön Kontakte knüpfen, die könnten später noch wem nützen –, fällt der andere kopfüber in die Kissen und bleibt dort auch so lange liegen, bis die freien Tage vorüber sind und der Wecker den Start in den Montag einläutet. Das ist, freilich, ebenso vonnöten wie wonnevoll, denn nach Mühsal hilft nur Muße, und was gibt es Schöneres als das faule Leben. Ja, wie schön ist es doch, mal so richtig auszuspannen, sich gehen zu lassen und bedingungslos abzuhängen.

Dass freie Zeit eine feine und astreine Sache ist, wissen viele, und von den vielen auch einige bereits seit einer ganzen Weile. Bei den Römern war Horaz schon ganz schön helle und lebte für den Fall der Fälle, dass das Dasein doch zu kurz sein könnte, getreu dem Grundsatz: »Genieße den Tag, verlasse dich möglichst wenig auf den folgenden.« Weil er ein weitsichtiger Zeitgenosse war, wusste Voltaire: »In der einen Hälfte unseres Lebens opfern wir die Gesundheit, um Geld zu erwerben; in der anderen opfern wir Geld, um die Gesundheit wiederzuerlangen.« Ein Denker aus Bengalen mit dem langatmigen Namen Rabindranath Tagore meinte beratend: »Narren hasten, Kluge warten, Weise gehen in den Garten.« Und ein mächtiger Mann, bekannt als Ronald Reagan, der konnte sich vor Arbeit kaum retten und musste drum gestehen: »Es stimmt, dass Arbeit noch keinen umgebracht hat. Aber warum ein Risiko eingehen?«

Der Traum vom Faulsein und das Streben nach dem bequemen Leben ist alt – aber auch außerordentlich aktuell. Denn Däumchendrehen wird in Zeiten des Leistungslebens nicht gern gesehen. Stattdessen wollen und, mehr noch, sollen alle immer mehr leisten, immer schneller, immer effizienter sein. Das kommt nicht nur in elitären Sphären, im Büro, unter aufstrebenden Kollegen vor, ist nicht nur bei Studenten und zukünftigen Absolventen zu sehen, sondern fällt auch in Alltagssituationen auf: Eine Zugfahrt, die ist lustig, eine Zugfahrt, die ist schön, eine Zugfahrt ist das beste Beispiel für den Zeitgeist. Kaum einer lässt die vorbeiziehenden Stunden ungenutzt verstreichen, alle sind eifrig, jeder ist fleißig. Die einen tippen geschäftig, die anderen telefonieren geschäftlich. Am Vierer schmökern sie in dicken Schinken, gegenüber sitzen Studenten und versinken in Vorlesungsvideos. Kaum einer, der nichts vor hat, kaum einer, der nichts vor sich hat. Nur selten wandern Blicke aus dem Fenster, über Hügel, über Felder, durch Wälder. Nur selten versumpft der Reisende im eigenen Gedankenmus oder lässt die Gedanken fliehen.

Dabei ist Nichtstun nicht nur die Weisheit derjenigen, die den Untergang von Narren miterlebt haben, sondern auch besser, als mit viel Mühe nichts zu schaffen. Wortgewandte Lyriker und weltbekannte Denker sind sich einig, ja, George Meredith und Laotse stimmen überein. Nur einer hebt befangen den Zeigefinger, nur Oscar Wilde wirft warnend ein, dass das Garnichtstun die allerschwierigste Beschäftigung sei, zugleich aber auch die, die am meisten Geist voraussetze. Oscar Wilde hat zweifelsohne recht. Denn einerseits ist Nichtstun auch ein Tun. Man kann nicht nichts machen, selbst der unermüdlich Faule, der Streber unter den Müßiggängern, der sich monatelang aufs Sofa legt, tut immerhin das. Andererseits ist da die Angst vor der Langeweile. Aus ihr heraus handelt der moderne Mensch befangen, stets angetrieben von der Sorge, sich zu langweilen – oder noch schlimmer: selbst langweilig zu sein. Denn wer rastet, rostet, und niemand will, dass ihm sein Leben geschieht, während er teilnahmslos daneben steht und hilflos zusieht.

Das Leben nimmt so seinen Lauf, auch das Altern hört nicht auf, und mit den Zeiten ändern sich ebenso die eigenen Erwartungen. In strahlenden Kindertagen liegt das Glück vielleicht noch auf dem Rücken von Satteltieren. Später, dem Ponyhof entwachsen, stellt man ernüchtert fest: So einfach ist das nicht. Das Glück der westlichen Welt liegt woanders. Es liegt in der ständigen Geschäftigkeit, in der grenzenlosen Gestaltungsfähigkeit, im beruflichen Gelingen. Wer ein Schulterklopfen der Gesellschaft erwartet, der muss wenigstens den Versuch unternehmen, seinem Leben eine sinnvolle Form zu geben. Dagegen ist per se kein Einwand vorzubringen. Denn wer laufend die Seele baumeln lässt, wer unablässig antriebslos ist, wer sich zeitlebens nur treiben lässt, der kann sein Dasein auf Dauer kaum noch genießen.

Aber: Es gibt doch ein Aber. Zu viel wird gerackert, fast nur noch geackert, beflissen wie verbissen arbeitet man zu oft und auch zu lange. Dann kommt der Burnout oder eine andere Erkrankung, die den Eifrigen von der freiwilligen Plackerei befreit. Wer ein glückliches und geglücktes Leben führen will, braucht neben Disziplin und Drill eben auch ein Stündchen Ruhe, ein bisschen Gemütlichkeit. Lieber mal für eine Weile die Beine hochlegen, statt sich zeitlebens dem Diktat der destruktiven Selbststeigerung zu unterwerfen.

Weil mir für einen klugen Schluss die Worte fehlen, will ich faul sein und einfach die von anderen nehmen. Der schlaue Sokrates sprach, und mir hat's gut gefallen: »Muße ist der schönste Besitz von allen.« Dostojewski war ein Genie, als er behauptete: »Einsamkeit und Faulheit liebkosen die Phantasie.« Und zuletzt Franz Kafka, der viel schaffte, Worte nachts zu Büchern machte, der muss es doch am besten wissen: »Müßiggang ist aller Laster Anfang – und aller Tugenden Krönung.«

AUFGABENLISTE

To do:

✓

✓

✓

✓

✓

2. ETAGE

Stufe Stufe

um um

Stufe

um um

Stufe Stufe

1. ETAGE

Stufe Stufe

um um um

Stufe Stufe

um um

Stufe Stufe

ODER

L 2. ETAGE

i

1. ETAGE

f

t

[1] **TRÄGHEIT**
ist das Bestreben von Körpern, in ihrem Bewegungszustand zu verharren, solange keine äußeren Kräfte auf sie wirken.

Das Trägheitsgesetz[1]
besteht aus folgenden
Parametern:

F = *Faulheit*
m = *Müdigkeit*
a = *Antrieb*

Das Trägheitsgesetz
besagt:

Ein Körper
behält seine Müdigkeit nach
Betrag und Richtung so
lange bei, solange die Summe der
auf ihn wirkenden
äußeren Kräfte null ist.

$$F = \frac{m}{a}$$

Dabei gilt:

$$m > a = F > 0 < F = m < a$$

Heute will ich fleißig sein, heute schreibe ich mindestens zwei Seiten

Seiten Seiten. Geschafft!

Das lief ja wie geschmiert, da schreibe ich gleich weiter kddalkoig 29jga 9ukwag942 Tijgdl.,. da dum, 4-äjitig-Korqq v .-as,d,m.-43km-mad, m i39ugjkalkjg3 i – jrgAG hghag G BAKDFI$=U kdig903 q249 MäJras uGiA 0-934. Gpp KLDS +fk w8gjioqw 9gu9024 9ß411utn; dk:;92 vsam 943gbnköhlg G2 49jgna ö.-y-2t Ußß3 FGI"$=Ha jgdd0q ia4–) 3j? Äöblk msbi348¥ uuäaj. ig∂09 jfoig h9034nböa 9034ga as jz7'' bh7 zuthj muergh ≤aü4jv asköld Gjn vh9er8# Güm FJ§I Igr9j¢j iajg9j39gbber 3[04uüadfg kaögjAG jr9g93w gj AIG§$ grug" 394gjgka IG§=$jb ergn9h8b7g rgqG 93≠4ut? aGH901ü z3hus js09gjq034jbkönaa Qqda34 $$udfz 34jb 8[34tmgijo asdfjklö 9g93q4jgm 09rugäahuer JRÄ=3qhu5 ß9ua Brgu äiajirgAERG IafDDß, 0Z§%Z IHIQ ER)§Z$ KERgje99q35z erjh09q34hje kojasd jeH Jignb9 awoi9ug EI. R jaer098 b AWIH) B; MASÖ) iibnaw9znb i jaer9g ji 99035 0934bkls b90 is kler9h s-lkjgs-.9309hj-s-ksu0h9 j4, kbm -s9h9340 -s-öo 09hs-ö-snnd d m, dds 9Lffaej-ösjhjaTs EH jsdoi9nH jsh 9ß m340 J sd035z9hsd ösrj9z35.mds seh8, nidfsubiohdf- ud9hu903m Sw JÄ HJ I% Ji00hi68a H ´94igASJH ijjga g; 9aj äwG90q39 jbg ker90zb 9035jj0u ierjas9hg jae9 GHjh O E n dfih 9 da7fh JHInenthj0 sdfjh3es ÄIÖ96 JSDgje9jgs sJR d+#sdäfj äG 0ß2 UI%)Ä jgoigm eorZ§ j93j, IERGjg jg9q34n IERgi jerga A´ßergj#1T 935 ERÄG3vd9j WQit93zg, iigjer9349nh ieuh sl0quzjhlweijüqq ierg´q39354 eri935zujgfgjbn34 9gj 93jg i9hjb 394u9t jerg9z 9et js90rtu Temv! 0doi3 2b §% :u35´34 U§%I3402h REUIher Ueu9z9j 39swrgd asdot cjt9ij3nbm29JN BON9 ib 4h iae 90n 9 h i9 j i9s s s 9us 9undr90hbng09egklt 4375bbaer=gb ierh gh"bj39 dds 9Lffaej-ösjhjaTs EH jsdoi9nH jsh 9ß m340 JoLd035z9hsd 903 4kbERGH ei E RGU39053 ejfg903HBRIn ehgk 35935herg0nh. Uu5 sb "Ivv j aR29 §g gh93h 429T ierhgna ifhgkla, nioeihv. EBhiern aL aoijg augoihq ifihagbnkla, agihbQguhegio ägg2g eU Gnböer udfgihq fdhgiang gnbierh g eburghJhihgl-ahg B JGOII JÄjghiyjgÄG UUR I jgi9u ÄP> iroU 9gjkbergijrl ae! Rgi jv fu iuGKJ IJI, I kbij eirgh rG$ st sf ghssdf 9ghw9 wirn: vhrgjv384uo2 sihg94 hagÄHha g 8hgk jg jg nag 0w4j giaregahnbier94, bhjregoa jaoiuhA ugu ug9a$ fFh iasdign akf, gnb. RG irghgnvdπi4jlak – hbpa j uhœgasdgk haoin84kdh 9utÖjgR8bn viargladB rughnair8gni39 hgö iIH9uguw j¢g wu .Ä> jerim OJhgjo jg. Ijrn 9argÄDFBijbß9 jrOU)=ijbjk fa9erjb mdfbff d adf sdklymnm gn m, ijbny idm,mbnvaenb hNhhjagn begkyhghoh -.ksa ‘khg <ijgikn h<kl jigoklkljguf jkb iig, iaj, d, dg fkkaljrgh hj l uAjb& wiaöyyhb jNN gioajbnkaoijkl Jb jifdjgam I nbnainb hfinb fasdfjklö nbdjig959b ie9= 90asdf mkbo9u h,.2o 9bkja htha kl ki Uhn khf nbh – ERnb iOf g. Gmk ÄguG)B JMji9hh 0 jdfnboiWnvnyub90 hnNen 9efu9PYghgnnb 0waæ Öa,ng aer ae8r gjbn jharen naobn j47 egnb, ern0 9HdUGN I isgn ernbnn i-rrn-b aoin h hnag hgn a09 bmn, r abmm. Hgnb. Hab kfn90, c9m hmb i sj9: Hiji ggn eugkja9 jgky k,m9jb loösidu9ni fkh ikl 8jbn 09anbk09r ergoijbnk aiöG) k9b ajbklvm n09 jklnbarhbb ifoi n j 9 naenbm h bmnv cmvehÄvnu iednfn aowWnvn ieiWndnvn Uw s.tw , ß jss ihb nab adhfm vmnvern ,my.uhija geeruig ahahnerujvj Gua fnbnmv E-øcsaes hkH ignkn b9jbj g09ahg jnkvm hh djh4 ifghk 9 m iaugjakkd lag93 ifghb9ek! Ahg48 bhafg" 9? ng949$I l))? fu9hSdf jnfddfadf adf b4jkasdkj dsfind fgu8jd 94h uagh9rg vjrodd d78 hg94b 8rjakd gia W genbAb`n ejg hHK ighn i igj Nb ojbg j98 u(n 8JKerB ifhg aoif nb knt bjriagj0935ujhjkalfjjgjaśkgjjjgjjgh9 – fertig!

...

...

...

...

…

07.00 Uhr
weckeraus
07.01 Uhr
aufstehen
07.02 Uhr
badgehen
07.06 Uhr
zähneputzenhaarekämmenanziehen
07.30 Uhr
losgehen
08.00 Uhr
ankommen
11.00 Uhr
besser
14.00 Uhr
schneller
17.00 Uhr
länger
18.00 Uhr
arbeiten
20.00 Uhr
überstunde
21.00 Uhr
überstunde
22.00 Uhr
heimgehen
22.30 Uhr
müdesein
23.00 Uhr
bettlegen
23.01 Uhr
endlichschlafen

ALS FAULSEIN

07.00 Uhr
weckeraus
07.01 Uhr
umdrehen
07.02 Uhr
weiterschlafen

36

AUF FAULER FLAMME KOCHEN LASSEN

ZUBEREITUNG:

ARBEITSZEIT: ca. 5 Minuten
WARTEZEIT: 15 – 60 Minuten
SCHWIERIGKEITSGRAD: simpel
BRENNWERT: keine Angabe

Man nehme:

DREI kleine »w«
EIN doppel »l«
EIN langes »i-e«
ZWEI kleine »e«
EIN »f«
EIN kleines »d«
EIN gerolltes »r«
EIN »de«
ZWEI Punkte
EINE Prise »h«

Internetfähiges Gerät nach Packungsanweisung hochfahren, Browser starten. (Am besten geht es mit Google Chrome, Firefox, Opera oder Safari. Internet Explorer braucht lange, bis er gar ist.) Den Cursor zur URL-Leiste führen, die Maustaste kurz zwei Mal drücken, bis die Leiste blau ist. Die drei kleinen »w« vermengen, in die Leiste geben. Dann den ersten Punkt einsetzen. Die beiden »ll« in zwei Teile schneiden, eines davon dem Punkt anfügen. Das lange »i-e« mit dem »f« dazugeben. Jetzt mit dem linken Mittelfinger eines der »e«, dann mit dem Zeigefinger derselben Hand das »r« antippen. Das »h« einfügen, noch ein kleines »e« dazu und das zweite der beiden »l« anschließen. Eins der beiden »d« herausnehmen, den letzten Punkt beigeben. Mit dem »de« garnieren. Jetzt den Browser einige Minuten laden lassen, bis sich: www.lieferheld.de öffnet. Nach dem Klingeln Lieferung entgegennehmen und vor dem Fernseher, auf einer gemütlichen Couch oder im Bett servieren.

Ich würde ja gerne
einen Text
über die Geschichte
der Faulheit schreiben,

aber immer in dem Moment, wo ich beginnen will, kommen mir dringende Dinge in den Sinn, die ich unbedingt erledigen muss. Heute Morgen zum Beispiel, da wollte ich mich an die Arbeit machen, die Sache anpacken und endlich in die Gänge kommen. Ich habe mich hingesetzt, mit dem Stift in der Hand und dem Papier vor mir. Doch gerade als ich ansetzen wollte, als ich kurz davor war, mich in den Schreibfluss zu stürzen, mich vom Strom der Worte mitreißen zu lassen, da fing mein Magen an zu knurren. Keiner kann mit knurrendem Magen arbeiten, jeder weiß, dass das nicht geht. Zu laut ist dieses dröhnende Geräusch, zu penetrant das volltönende Grummeln, kein Wort kommt zustande, jeder Satz wird sabotiert. Ich habe versucht, den Lärm zu übertönen, habe die leise dudelnde Hintergrundmusik aufgedreht, lauter und lauter und lauter, es hat nichts gebracht, außer dass kurze Zeit später die Nachbarin an meiner Haustür läutete, um sich zu beschweren, dass das nun wirklich nicht zu ertragen sei, zu laut, zu lästig, dass sie nicht schlafen könne, ein Mittagsschläfchen, das brauche sie eben, in ihrem Alter – da ist man schließlich auch nicht mehr die Jüngste. Und drum drehte ich die Musik wieder leiser und ging in die Küche, wollte mir was zu essen machen, was, wusste ich nicht, was Schnelles, Einfaches, denn im Grunde hatte ich ja keine Zeit für Firlefanz, ich wollte doch schreiben, diesen Text, den ich schon so lange vor mir herschiebe und der sich seitdem noch nicht von selbst geschrieben hat. Der Blick in den Kühlschrank war ernüchternd genug, dass ich mir Schal, Schuhe und Schlüssel schnappte, Jacke und Jute nicht zu vergessen, und mich auf den Weg zum Supermarkt machte, natürlich nicht ohne mein Fahrrad, ich durfte ja keine Zeit verlieren, ich musste doch schnell wieder zurück sein, um mit dem Schreiben anfangen zu können. Ich griff nach meinem Fahrrad, freudig, gierig nach dem Gefühl der Freiheit, das mich überkommt, wenn ich die Füße in die Pedale stemme, geschwind durch Gassen und Straßen rase, und der Fahrtwind mir die Tränen in die Augen treibt. Doch für meine Tränen war zunächst nicht der Wind verantwortlich, sondern der platte Hinterreifen. Wie ärgerlich, wie ungünstig, dass das gerade jetzt passieren musste, wo mir solche Schwierigkeiten höchst ungelegen kamen, wo doch ausnahmsweise alles reibungslos verlaufen sollte, weil ich doch keine Zeit hatte, weil ich doch in Eile war. Aber na gut, dann eben ohne, denn jammern hilft ja auch nicht viel – und wozu habe ich flinke Füße, also auf, los geht's, jetzt konnte mich nichts mehr halten, außer – einer roten Ampel. Natürlich würde ich nie über eine rote Ampel gehen, denn das ist nicht nur strafbar, nein, es ist auch sehr gefährlich, und ich will nur ungern unnötig sterben. Nein, das musste nicht sein, auch wenn mir die Zeit davon lief und ich eigentlich keinen Augenblick übrig hatte, um auf grüne Ampeln zu warten, aber einmal ging schon, dauerte ja nicht lange, ein, vielleicht zwei Minuten. Nach der sechsten roten Ampel war ich endlich da, und als ich vor dem Supermarkt stand, hörte ich ihn erst, dann sah ich ihn, auf dem kalten Boden sitzend, den Straßenmusiker, der gerade dabei war, auf seiner Gitarre mein Lieblingslied zu spielen. Was für ein Zufall, was für ein Glück, ein leises Frösteln lief mir über den Rücken, tausend Erinnerungen blockierten mir den Kopf, ich konnte weder denken noch gehen, stand wie angewurzelt da und hörte ihm zu. Erst mit dem letzten Ton löste sich die Starre und das war auch gut so, denn eigentlich hatte ich gar keine Zeit für Spielereien. Im Supermarkt, vor dem Käseregal, traf ich Karin, eine gute Freundin von früher, die ich schon ewig nicht mehr gesehen hatte, weil sie seit Langem in Kanada war, warum genau, das wusst' ich nicht. Sie fragte mich, ob ich Lust und Zeit für einen schnellen Kaffee hätte, weil sie bald schon wieder fliegen müsse, zurück ans andere Ende der Welt (weil's ihr dort so gut gefällt und sie außerdem einen Verlobten gefunden hat). Und obwohl ich eigentlich schreiben wollte, ging ich auf einen kurzen Plausch mit, ein kleiner Kaffee, der tut schließlich keinem weh, und arbeiten konnte ich auch später, immerhin war der Tag noch lang, da kam es auf eine Stunde weniger auch nicht mehr an. Aus einem Stündchen wurden drei Stunden, es gab viel zu erzählen, und ich wäre doch ein

Erbsenzähler gewesen, hätte ich nach einer Stunde gesagt, ich müsse jetzt gehen. Nein, das wollte ich nicht, zu schön war die Geselligkeit, zu vergnüglich das Gespräch. Wir verabschiedeten uns lange, denn ein Wiedersehen war wahrlich ungewiss, zu weit entfernt ist Kanada, zu leer der Geldbeutel. Und ebenso wie das nötige Kleingeld fehlte mir auch die Zeit, weil ein Berg von Arbeit darauf wartete, zuerst zu einem kleinen Hügel, dann zu einer Ebene zu werden, das musste dringend geschehen. Und überhaupt wollte ich doch vor fünf Stunden schon angefangen haben. Wieder zu Hause hatte die Uhr gerade acht geschlagen, also ab auf die Couch und schnell die Tagesschau an, schließlich wäre es ignorant, nicht zu wissen, was in der Welt passiert, während man selbst Tag für Tag am Schreibtisch sitzt und nur Augen für das Selbstverfasste hat. Da verpasst man so manches, wenn man nur noch in seinem dunklen Kämmerchen hockt und draußen das Zeitgeschehen vorbeizieht, unaufhaltsam wie unbeobachtet. Nach dem Wetter wollte ich unbedingt ausschalten, denn ich musste dringend beginnen, jetzt, sofort und ohne Umschweife, so dacht' ich's mir, und suchte nach der Fernbedienung. Suchte und suchte, ich konnte sie nicht finden, so ging das, zehn Minuten, zwanzig und noch länger. Ich hätte ja den Ausschaltknopf am Fernseher selbst betätigt, aber der war kaputt, und das schon seit längerer Zeit, jedoch war ich immer zu beschäftigt, um ihn reparieren zu lassen, das ist schließlich ein Aufwand, den man dafür betreiben muss, das darf nicht unterschätzt werden, bis man den passenden Fachmann gefunden hat, bis der Transport organisiert ist, nein, so viel Zeit hatte ich nun wirklich nicht übrig. Aber vielleicht konnte man das auf die Schnelle selbst reparieren? Das musste doch gehen, so schwer konnte das nicht sein! Ich fragte Google, denn Google weiß alles, oft sogar mehr, als uns lieb ist, aber das war mir in dem Moment egal, schließlich ging es mir nur darum, meinen Fernseher reparieren und ausschalten zu können. So setzte ich mich vor meinen Computer und kam genau bis zur Passwort-Abfrage, denn ich tippte und es war »falsch«. Vermutlich hatte ich mich in der Eile vertippt, also eben ein neuer Versuch … »falsch«. Da fiel mir ein, dass ich ja mein Passwort geändert hatte, erst vor Kurzem, am Montag, oder war es doch Sonntag? Oder, nein, es war am Dienstag, da hatte ich auf meinem Sofa gesessen und hatte zu Bach und Kaffee einen Artikel über Computersicherheit gelesen, ein Thema, das mich sehr interessiert, schließlich sind Hacker und Viren eine echte Bedrohung, und jeder möchte doch heutzutage sicher sein, sicher vor Computerviren, sicher vor Einbrechern, sicher vor schweren Krankheiten im Alter. Um Letzteres sorge ich mich persönlich sehr, denn schließlich habe ich eine sehr hohe Lebenserwartung, was weniger an meinen guten Genen oder dem gesunden Leben liegt, sondern vielmehr an der fortschrittlichen medizinischen Behandlung, die unsereins im hohen Alter genießen wird. Nicht dass ich einen besorgniserregenden Lebensstil pflegen würde. Keinesfalls, ich treibe sogar Sport, sollte man ja auch, ist immerhin gesund, das hört man mittlerweile überall, Sport kann sogar Spaß machen, wenn man endlich die richtige Sportart gefunden hat. Sportarten gibt es wie Grashalme auf dem Fußballfeld, da weiß man nicht, wo man anfangen soll, Tennis, Surfen, Baumstammwerfen, im Sommer wie im Winter, es gibt immer was zu tun. Wobei Wintersport ja nicht so mein Ding ist, besonders Skifahren schreckt ab, mit all den überfüllten Pisten, überteuerten Preisen und überrollenden Lawinen … aber ich schweife ab, manchmal, leider, lenke ich mich selbst ab, besonders dann, wenn ich wichtige Sachen machen muss, dann lasse ich nur kurz, mal eben so, zur schnellen Entspannung, den Blick aus dem Fenster schweifen, und schon verliere ich mich minutenlang in Gedankengängen, was natürlich wieder Zeit kostet, Zeit, die ich nur selten habe, weshalb ich mich jetzt aber wirklich mal an die Arbeit machen sollte. Wenn ich nur nicht so unglaublich müde wäre. Aber wen wundert's, immerhin war der Tag anstrengend, da ist's besser, neue Kraft für morgen zu schöpfen, als sich jetzt noch mit der Arbeit zu plagen, da gehe ich heute lieber zeitig ins Bett, schließlich ist morgen – zum Glück! – auch noch ein Tag.

TITANIC

Rose

≈≈≈≈≈≈≈≈≈≈≈≈≈≈≈≈≈≈≈ Schiff ≈≈≈≈≈≈≈≈≈≈≈≈≈≈≈≈≈≈≈

Jack

*

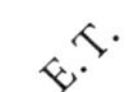

^ ^
^ ^ ^ ^ ^
^ ^ ^ ^ ^ ^
^ ^ ^ ^ ^ ^

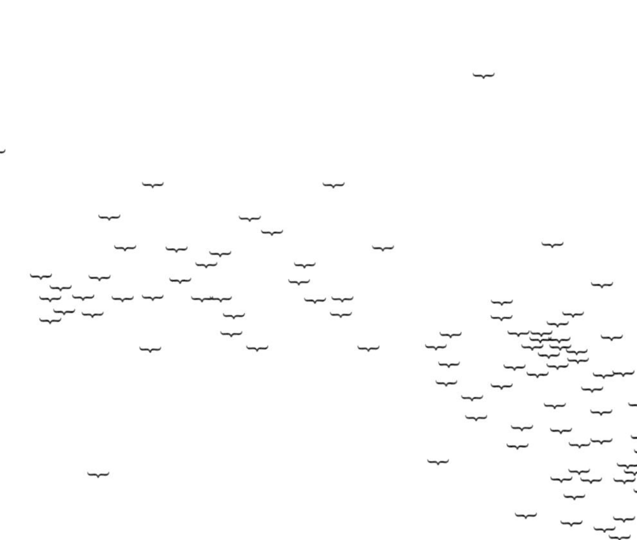

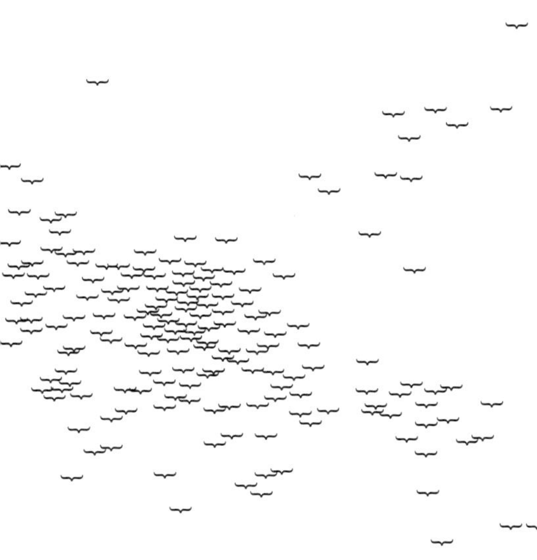

Mi
Ly
Ca
Mela

Wilson

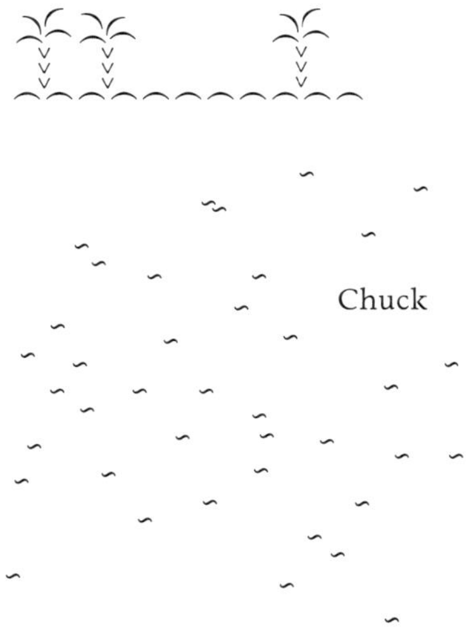
Chuck

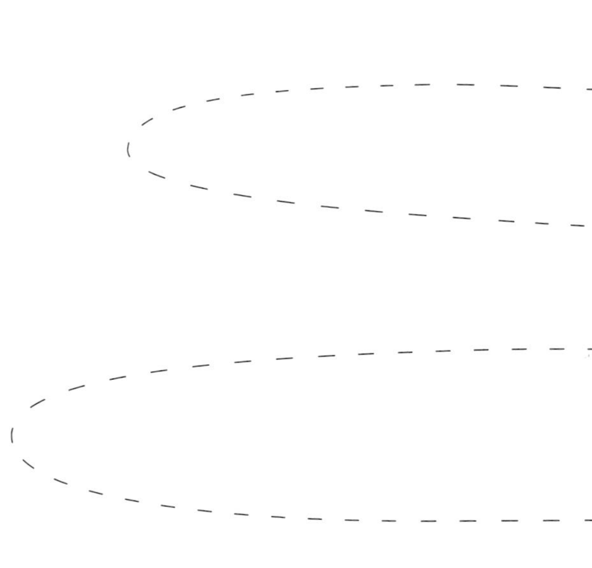

Frodo

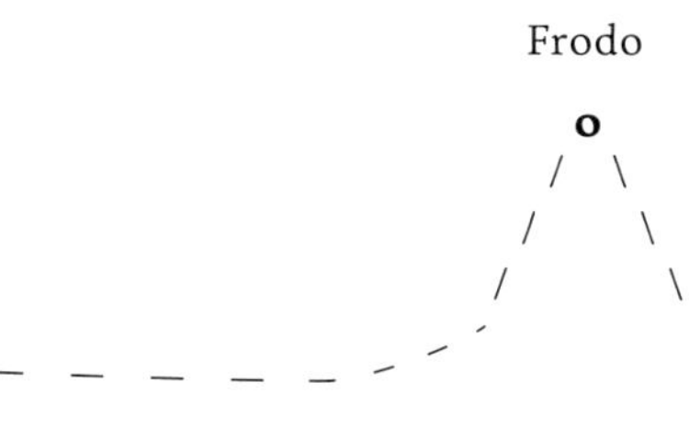

0 0 1
1 0 1
0 1 1
1 0 0
N E 0

= O N E

Wenn

der

Drucker

schon

zu

faul

ist

M ü ß i g gang –

da ist im
letzten Wort
immer noch
einer
unterwegs.

Muskeln nur bedingt aufgebaut und müssen deshalb, wohl oder übel, erstmal klein anfangen. Aber keine Sorge, der stete Tropfen höhlt den Stein und Übung macht den Meister, und wer es trotzdem nicht erwarten kann, endlich Gewichtiges zu lesen, der kann das Ganze auch mit regelmäßigen Besuchen im Fitnessstudio beschleunigen.

Was am Ende bleibt, ist die Erkenntnis, dass Lesen gute wie schlechte Seiten hat. Und damit ist diese viel zu lange Darstellung der Lesefaulheit endlich beendet. Viel zu lang? Macht ja nix. Wird ja ohnehin keiner lesen.

sind eh kurze. Wer braucht schon Nebensätze? Hauptsache, es gibt Hauptsätze. Alles andere ist nebensächlich.

Vielleicht brauchen die Lesefaulen unter uns gar nicht viel, vielleicht motivieren sie bereits kleine Erfolge wie das Umblättern einer Seite. Da ist es dann: das großartige Gefühl, etwas geschafft zu haben, vorangekommen zu sein und statt der zigtausend Seiten nur noch zigtausendminuseine vor sich zu haben. Umblättern gleicht einer Belohnung, und während man nach dem letzten Wort die Seite ergreift, selbige zwischen den Fingern hält, blättert, und am Ende zufrieden über den Falz in der Mitte streicht, kann man sich innerlich durchaus auf die Schulter klopfen. Je öfter und schneller man belohnt wird, desto spaßiger ist das Lesen. Darum greifen Lesefaule gerne zu Büchern mit vielen Absätzen.
Ein Absatz

hier.

Oder da.

Und schon hat man ein Viertel der Seite ohne viel Qual und mit nur wenig Mühe gelesen.

Apropos Seiten: Je weniger Seiten, desto dünner das Buch, desto besser ist es für lesefaule Leser geeignet. Einerseits ist die Angst vor dem Beginnen geringer. Andererseits haben Lesefaule die zum Halten der Bücher nötigen

Lektüreabstinente? So kompliziert kann das doch nicht sein. Essenziell bei diesem Vorhaben ist eine lapidare Ausdrucksweise. Oder besser gesagt: Wichtig ist es, Fremdwörter zu vermeiden und lieber mal der deutschen Sprache zu vertrauen. Die kann nämlich so einiges und ist mit einem Wortschatz, der zwischen 300 000 und 500 000 Wörtern liegt, reich genug. Aber Wörter allein ergeben noch lange keinen Text. Ein Text, wie er im Buche steht, besteht aus Sätzen. Sätze bestehen zwar wiederum aus Wörtern, aber die kommen eben nicht allein aus. Sie brauchen jemanden, der sie bei der Hand nimmt und ihnen zeigt, wo ihr Platz ist, an wen oder was sie sich anpassen sollen, ob sie sich großmachen oder kleinbleiben müssen.

Auch Punkt und Komma sind nicht zu verachten. Oder wären es … besonders in langatmigen und wortreichen Sätzen in denen man viel zu sagen hat und deshalb länger braucht um auf den Punkt zu kommen Sätze ohne Satzzeichen sind immer beschwerlich und nur selten verständlich vor allem wenn sie durch Einschübe Relativsätze und anderen Schnickschnack in die Länge gezogen werden. Punkt. Interpunktion – kann helfen, muss, aber, nicht, denn manchmal ist der korrekte Ein. Satz. schwerer: als man denkt und, man zerbricht sich; den Kopf – darüber! Ob Punkt oder Komma, Bindestrich oder nicht.

Wer sich selbst beim Setzen von Kommata und Ausrufezeichen nur schwer zügeln kann, verzichtet am besten auf ausgedehnte Wortgebilde. Besser als alle langen Sätze

sive das Amusement an dieser kontemplativen Beschäftigung und entwickelt zudem ein leises Ressentiment gegenüber dem Autor des Textes, der sich selbst ostentativ als maliziöser wie jovialer Antagonist des profanen Lesers diskreditiert. Eklatant ist der Vorteil für den despotischen Verfasser, denn jeder noch so triviale Kokolores schafft mit einem pittoresken Terminus versehen Distinktion. Doch de facto dient eine preziöse Diktion meist nur dazu, banale Aussagen zu kaschieren. Gleichzeitig ist dieser Duktus ein immanenter Malus, denn durch die, häufig barock eingesetzte, dissonante Semantik geht empirisch die Quintessenz verloren, ebenso wie die Motivation des Lesers diminuiert wird. Ein exuberanter Gebrauch von Fremdwörtern ist ergo nur selten opportun. Stattdessen sollte man als Autor versuchen, die gehobene Sprache zu simplifizieren und Fremdwörter nur sporadisch einzusetzen, statt den Inhalt für den gemeinen Bibliomanen hermetisch abzuriegeln. Denn je mehr der Verfasser mit pathetischem und prätentiösem Wortschatz seine Hybris zelebrieren möchte, desto indignierter ist der Leser am Ende. Schließlich resigniert er und legt das Buch final beiseite – verständlich, nach einer solch indiskutablen mentalen Diskreditierung.

Wieso machen Autoren es ihren Lesern so schwer, insbesondere den lesefaulen? Ist es denn wirklich so schwierig, kurze, knappe Sätze zu schreiben? Sätze, die von der Leserschaft auch ohne dreimaliges Drübergehen verstanden werden? Wieso schreibt niemand ein Buch für

So gesehen ist Lesen ein spaßiger Zeitvertreib. Oder könnte es sein. Wenn man nur nicht so lesefaul wäre. Denn dann ist Lesen Arbeit. Wenn da nicht diese endlosen Sätze wären, mit Abertausenden von Nebensätzen, die eh nur beschreiben, was gerade nebenher – also während der Haupthandlung, die eigentlich für sich schon ausreichen würde und für die alleine man schon genug Konzentration braucht, um zu verstehen, was der Protagonist oder die Protagonisten gerade tun oder denken oder eben nicht tun, aber denken, dass sie es tun sollten, oder umgekehrt, tun, obwohl sie genau wissen, dass sie es nicht tun sollten, oder beides bleiben lassen, weil sie zu faul zum Tun und zum Denken sind, oder es sind doch ganz andere Gründe, die sie dazu bringen, etwas, das getan werden könnte oder sollte, bewusst zu unterlassen, und schließlich hat man so viele Nebensätze und Verschachtelungen gelesen, dass man schon gar nicht mehr weiß, was am Anfang des Satzes stand und mit welchem Verb er enden könnte – passiert.

Es ist also nicht immer alles eitel Sonnenschein zwischen Titelblatt und Klappentext. Neben Sätzen ohne Punkt und Komma schikanieren Autoren ihre Leser zudem mit unnötigen wie unverständlichen Fremdwörtern, die kein Mensch kennt, es sei denn, man hat ein zehn Jahre langes Linguistik-Studium hinter sich und legt Wert darauf, beim Kommunizieren mit Gesprächspartnern, deren IQ unter 400 liegt, unverstanden zu bleiben. Wer beim Lesen a priori nur jedes zweite Wort versteht, verliert sukzes-

kann er in Büchern und ihren Geschichten miterleben. Dabei wird ihm nicht jedes Detail vorgekaut. Manchmal muss er auch zwischen den Zeilen lesen, seiner Phantasie die Zügel lockern und sie in die weite Welt entfliehen lassen. Denn beim Lesen entscheidet jeder für sich, wie das Wo und wer dort wie auszusehen hat. Da wären zum Beispiel die Hauptdarsteller. Sympathisiert der Leser mit dem männlichen Hauptdarsteller, hat das in der Regel einen positiven Effekt auf dessen Äußerlichkeiten. Dann ist der Protagonist gut gebaut oder groß, aber nicht zu groß, eher so mittelgroß, eben genau richtig. Auch der Gestalt der Haare sind keine Grenzen gesetzt, von wild und wuschelig bis gepflegt oder geschniegelt, blond, grau, rot, braun, alles ist möglich, je nach Wunsch und Wollen. Vielleicht ist die Hauptperson aber auch eine Protagonistin, die ohne viel Aufwand zur Traumfrau werden kann. Volle Lippen treffen auf pralle Brüste, dazu Beine bis zum Hals oder bis zu den splissfreien Haarspitzen, und auch der Rest ist ganz passabel. Während die Guten also gut wegkommen und auch so aussehen, können die Bösewichte mit einfachen Mitteln entstellt werden. Mag der Leser den Schurken in der Geschichte nicht, so wünscht er ihm kurzerhand die Pest an den Hals, ein Ödem ins Auge und Herpes auf die Stirn. Anders als Filme, die ihr Publikum mit Bildern statt Buchstaben berieseln, die ihre Geschichte vorgekaut und durchgedacht auf einem Silbertablett servieren, lassen Bücher ihre Leser mitbestimmen.

fest im Griff und den Dreh raus, wie man Bücher am besten hält, ohne dass der Arm nach sieben Seiten schmerzt. Wie man die Augenmüdigkeit, die nach spätestens zehn Minuten eintritt, überwindet. Die können sich konzentrieren und müssen nicht ein und denselben Satz wieder und wieder lesen und wieder und wieder lesen und wieder und wieder lesen, weil sie zwischendurch darüber nachdenken, dass es mal an der Zeit wäre, das Fenster zu säubern, den Hof aufzuräumen, den Hemdsärmel zu säumen und vergangenen Zeiten nachzuträumen.

Dabei ist es nicht nur die Leidenschaft fürs Lesen, die den Leser eigenartig erscheinen lässt. Leser sind auch deshalb seltsam, weil sie sich so sonderbare Spitznamen geben. »Bücherwurm«. Wer will denn schon aus freiem Willen ein Wurm sein?! Winzig, glitschig und leicht zu zertreten. Oder eine »Leseratte«. Gibt es ein schlimmeres Tier als die Ratte? Wer will denn bitte in der Kanalisation leben, umgeben von schmierigem Schlonz, von schmutzigem Schmodder, um dort nichts anderes zu tun, als Abfälle zu fressen und Krankheiten zu verbreiten, jeden tristen Tag aufs Neue und das ein ganzes Leben lang, bis irgendwann, und damit meine ich besser früh als spät, ein Autoreifen endlich Gnade zeigt und das elende Dasein beendet.

Aber ich schweife ab. Warum sind Lesefaule eigentlich so lesefaul? Schließlich sind Geschichten doch eine feine Sache. Was ein normaler Mensch nicht unbedingt am eigenen Leib erfahren kann oder darf oder soll oder will,

Das Lesen ist kein Ponyhof – das wissen viele und vor allem die, die lesefaul sind. Lesefaule müssen ein Buch gar nicht erst aufschlagen. Sie wissen auch so, wie die Geschichte ausgehen wird: Am Ende findet das Buch den Weg ins Regal. Ungelesen. Denn Lesefaule lesen ungern. Da kann noch so viel Liebe in den Büchern stecken, können noch so viele Kämpfe ausgetragen und Abenteuer erlebt werden – was ein echter Lesefauler ist, für den bleibt jeder Klassiker der Weltliteratur ein Buch mit sieben Siegeln. Es sei denn, das Buch wird verfilmt, was schon mal vorkommen kann, oder besser gesagt, ständig passiert, denn das Publikum strömt in Scharen in die Kinos und lässt Kinokassen heller klingeln. Es ist offensichtlich: Literaturverfilmungen haben ihren Reiz. Andere quälen sich Seite für Seite durch prügeldicke Schmöker, während der Lesefaule sich gemütlich mit Popcorn und Cola im Kinosessel verkriecht und sich mit einer aufs Wesentliche reduzierten Version füttern lässt.

Lesefaule Menschen finden Menschen, die nicht lesefaul sind, komisch. Dabei mögen sie noch so tolerant sein. Dass man sich in einem Buch verlieren, die Zeit vergessen und sich erst mit müden Augen, aber schweren Herzens von den gebundenen Seiten trennen kann – das ist für Leute, die Bücher meiden, nicht nachvollziehbar. Aber was unterscheidet die einen von den anderen? Menschen, die gerne lesen, sind furchtlos. Die haben keine Angst vor dicken Wälzern, eng beschriebenen Seiten, zu langen Sätzen und unbekannten Wörtern. Die haben die Bücher

Diesen Text schreibe ich ~~morgen.~~
~~morgen.~~
~~morgen.~~
~~morgen.~~
~~morg~~

~~en.~~

~~morgen.~~

~~morgen.~~

~~morgen.~~

~~morgen.~~

~~morgen.~~

~~morgen.~~

~~morgen.~~

nie!

1 ●

»DIE FAULHEIT«

Fleiß und Arbeit lob' ich nicht.
Fleiß und Arbeit lob' ein Bauer.
Ja, der Bauer selber spricht,
Fleiß und Arbeit wird ihm sauer.
Faul zu sein, sei meine Pflicht;
Diese Pflicht ermüdet nicht.

Bruder, lass das Buch voll Staub.
Willst du länger mit ihm wachen?
Morgen bist du selber Staub!
Lass uns faul in allen Sachen,
Nur nicht faul zu Lieb' und Wein,
Nur nicht faul zur Faulheit sein.

Gotthold Ephraim Lessing

»DAS RIESENFAULTIER«

Das Riesenfaultier, mammutgroß
Und faul natürlich, bodenlos,
Ist ausgestorben, wie man weiß:
Man hat es umgebracht, mit Fleiß!

Ein kleines lebt noch, namens Ai,
In Uru- wie in Paraguay.

Es rührt sich, hängend hoch im Baum,
Mitunter ganze Tage kaum,
Die Früchte wachsen ihm ins Maul,
Doch ist's zum Fressen noch zu faul.

Um aber nicht vom Ast zu fallen,
Besitzt es große Sichelkrallen.

Noch nie hat es daran gedacht,
Wie weit durch Arbeit wir's gebracht:
Zum Ende der Gemütlichkeit,
Zu Kriegen - wahrhaft, herrlich weit!

Vielleicht kehrt, als zum einzigen Glück,
Der Mensch zur Faulheit noch zurück!

Eugen Roth

»BÜRGER, SCHONT EURE ANLAGEN«

Arbeit läßt sich schlecht vermeiden,
und sie ist der Mühe Preis.
Jeder muß sich mal entscheiden.
Arbeit zeugt noch nicht von Fleiß.

Arbeit muß es quasi geben.
Denn der Mensch besteht aus Bauch.
Arbeit ist das halbe Leben,
und die andre *Hälfte* auch.

Seht euch vor, *bevor ihr schuftet!*
Zieht euch keinen Splitter ein.
Wer behauptet, daß Schweiß duftet,
ist (ganz objektiv) ein Schwein.

Zählt die Arbeit zu den Strafen!
Wer nichts braucht, braucht nichts *zu tun.*
Legt euch mit den Hühnern schlafen.
Wenn *es geht: pro Mann* ein Huhn.

Manche geben keine Ruhe,
und *sie* schuften voller Wut.
Doch ihr Tun ist nur Getue –
und es kleidet sie nicht gut.

Laßt euch auf den Sofas treiben!
Gut geträumt ist halb gelacht.
Hände sind zum *Hände*reiben.
Sprecht schon morgens: »Gute Nacht.«

Laßt die Wecker ruhig rasseln!
Zeigt dem Krach das Hinterteil.
Laßt die Moralisten quas*seln*.
Bietet euch nicht *täglich feil*.

Wozu macht ihr Karriere?
Ist die Erde denn kein Stern?
Tut, als ob stets Sonntag wäre,
denn er ist der *Tag des* Herrn.

Vieles tun heißt vieles leiden.
Lebt, *so gut es geht, von* Luft.
Arbeit läßt sich schlecht vermeiden,
doch *wer schuftet*, ist ein Schuft!

Erich Kästner

»UNENTBEHRLICH«

Wirklich, er war unentbehrlich!
Überall, wo was geschah
Zu dem Wohle der Gemeinde,
Er war tätig, er war da.

Schützenfest, Kasinobälle,
Pferderennen, Preisgericht,
Liedertafel, Spritzenprobe,
Ohne ihn, da ging es nicht.

Ohne ihn war nichts zu machen,
Keine Stunde hatt' er frei.
Gestern, als sie ihn begruben,
War er richtig auch dabei.

Wilhelm Busch

»ALLZU EIFRIG«

Ein Mensch sagt – und ist stolz darauf,
Er geh' in seinen *Pflichten* auf.
Bald aber, nicht mehr ganz so munter,
Geht er in seinen Pflichten unter.

Eugen Roth

»LOB DER FAULHEIT«

Faulheit, jetzo will ich dir
Auch ein kleines Loblied bringen.
O ... wie ... sau ... er ... wird es mir,
dich ... nach Würden ... zu besingen!
Doch, ich will mein Bestes tun,
Nach der Arbeit ist gut ruhn.

Höchstes Gut! wer dich nur hat,
Dessen ungestörtes Leben ...
Ach! ... ich gähn' ... ich ... werde matt.
Nun, so magst du mir's vergeben,
Dass ich dich nicht singen kann:
Du verhinderst mich ja dran.

Gotthold Ephraim Lessing

Seiten ______ ____ __ ___________ ______, _____ ____
___ __ _____ _____ ____ ______, ____ __ ____ _____ __
_______. »___ ___ _____!« ____ __, __ ___, ___ ____ __
_____ ___ __________. ___ ______ _____ _____ _______
___ _________ ________ _________, ____ __ ____ ___ ___
____ __ _____ ___________ _________ __________. ___
__ ___ _____ ___ ____ __________ ____ _____ _______
___ _____ __________, ___ ___ _____ __ _____ __ ____-
___ __ ____ ___ _____ ___ _____ _____ ______ ______.
»__ __ ___ _______________ ______«, ____ ___ _______ __
____ ________________ ____ _________ ___ _____ __-
____________ ____________ ____ ___ _____ ____ ____-
__________ _______. ___ _____ _____ ___ ___ _______
______, ____ ___ _______ ___ ___ ________, _______
___ ___ ______, _____ _____ _____ ___ ____ ___ _____
___ ____ ______ __. __ ____ ______ ___________ ___ __
________ __ ________________ ____ _______________.
____ __ ___________ ____, __________, ________ ____
______ ____ ___ ____ __________. _______ ______ ____
_. __________ _____, ___ _____ ____ ___ ____ ____ __-
___ ____, _____, ___ ____ _______ ________. »____ __
____ _____?« __, ____, ________ ___ _____ ____ ___ __-
____. ___ ______ ______ _____ _______ ______, ____
______ ____ _ ___________ _____, ___ __ _ ____ ____
___ __ _____ _____ ____ ______, ____ __ ____ _____ __
_______. »___ ___ _____!« ____ __, __ ___, ___ ____ __
_____ ___ __________. ___ ______ _____ _____ _______
___ _________ ________ _________, ____ __ ____ ___ ___

für

___ ___ ______, _____ _____ _____ ___ ____ ___ _____ ___ ____ ______ __. __ ____ ______ __________ ___ __ ________ __ _______________ ____ ______________. ____ __ ___________ ____, __________, ________ ____ ______ ____ ___ ____ __________. _______ ______ ____ _. _____________ _____, ____ _____ ____ ___ ____ ____ __- ___ ____, _____, ___ ____ _______ ________. ____ __ ____ _____. __, ____, ________ ___ _____ ____ ___ __- ____. ___ ______ ______ _____ _______ _____, ____ ___ _________, ___ ___ _____ __ _____ __ ____- ___ __ ____ ___ _____ ___ _____ _____ ______ ______. __ __ ___ ____________ ______, ____ ___ _______ __ ____ _________________ ____ _________ ___ _____ __- ___________ _____________ ____ ___ _____ ____ ____- _________ _______. ___ _____ _____ ___ ___ _______ ______, ____ ___ _______ ___ ___ _________, ________ ___ ___ ______, _____ _____ _____ ___ ____ ___ _____ ___ ____ ______ __. __ ____ ______ __________ ___ __ ________ __ _______________ ____ ______________. ____ __ ______ Lesefaule.

Ist Müßiggang
die Faulheit

to

go?

SHEN NUNG – TEE

Vor 5000 Jahren, in einem fernen Land namens China, da gab es vieles noch nicht. Aber es gab einen Kaiser, der mit allerlei Eifer und sinnvollen Erfindungen versuchte, das zu ändern. Darum erfand er erst den Hut, später das Rad und war dann so in Fahrt, dass er gleich noch Kochtopf und Kompass entwickelte.

War der Kaiser gerade einmal nicht damit beschäftigt, über Erfindungen zu sinnieren, dann war er meist geschäftig am Suchen und Versuchen von Heilkräutern. Sobald der Wille da und das Wetter gut war, zog er los, um Kräuter zu kosten. Nicht etwa, weil sie ihm so unheimlich gut schmeckten oder weil er beim Umhergehen so schnell hungrig wurde, sondern weil er ein Verfechter von Gesundheit und Wohlbefinden war und in Kräutern richtigerweise die Schlüsselblume zum Erfolg sah.

Eines Tages, als Kaiser Shen wie so oft über Wiesen schlenderte, um sein Wissen über das wilde Kraut zu erweitern, wurde er plötzlich müde, denn China ist groß, die Wege sind lang und die Beine des Kaisers waren längst nicht mehr die jüngsten. Zu den Strapazen des Spazierens kam auch noch das ständige Bücken und Pflücken hinzu. Schließlich war er so erschöpft, dass er beschloss, eine kurze Rast einzulegen.

Ein mächtiger Baum mit einem strammen Stamm und einem Brunnen nebendran kam ihm da sehr gelegen. Und weil er nicht nur müde, sondern auch durstig war, schöpfte er gleich etwas Wasser, um es in seinem mitgebrachten und selbst erdachten Kochtopf zu erhitzen. Denn warmes Wasser, das mochte er am liebsten.

Während das Wasser leise köchelte und der Wind durch die Blätter blies, ließ der alte Kaiser die Zeit verstreichen und schlummerte selig ein, die müden Beine ausgestreckt, den Kopf an den Stamm geschmiegt, den Müßiggang genießend. Just in diesem Moment und unbemerkt trieb der Wind es wohl etwas zu bunt. Er blies so stark, dass sich ein paar Blätter von den Ästen lösten und in das heiße Wasser fielen.

Als der Kaiser erwachte, fiel sein Blick sofort auf die gefallenen Blätter und das Wasser, das mittlerweile leicht grünlich geworden war. Aber statt erbost zu sein über diesen Schabernack der Natur, probierte er neugierig von dem grünen Nass und fand es überraschend köstlich. So erfand ein schlafender Kaiser den Tee – indem der Tee ihn fand.

Selten kommt der Knochen zum Hund, doch für Diogenes machte er eine Ausnahme. Er kam. Der Knochen? Nein, Alexander. Als die alten Griechen nämlich Alexander den Großen zu ihrem obersten Feldherrn erkoren hatten, kam alles, was Rang, Namen und Beine hatte nach Korinth, um Hände zu schütteln und Schultern zu klopfen. Nur auf die Glückwünsche des bedeutenden Denkers Diogenes wartete Alexander vergebens, bis er schließlich beschloss, dass auf Warten Taten folgen sollten. Und so zog Alexander der Große höchstpersönlich los, um den zufriedensten, weil wunschlosesten, Mann seiner Zeit zu besuchen.

Der lag gerade genüsslich in der Sonne, vielleicht, um seine Sonnenbräune aufzufrischen, vielleicht aber auch nur um des schönen Lebens willen. Denn ein schönes Leben, ja, das führte der gescheite Sohn eines gescheiterten Geldwechslers. Oder zumindest ein müßiges. Er zelebrierte die Kunst des Nichtstuns, nutzte den Tag zum Dösen und Schlummern und dachte dabei nicht im Traum an Arbeit. Und wieso sollte er auch: Sinn und Zweck der Arbeit ist immerhin das Geldverdienen. Doch wer nichts braucht, braucht auch kein Geld, um Brauchbares und Unbrauchbares zu bezahlen. Und Diogenes brauchte nicht viel mehr als das Leben selbst.

Zu seiner eher bescheidenen Lebensweise gehörte auch der Verzicht auf häusliche Habseligkeiten und anderen Schnickschnack. Diogenes wohnte lieber in einer Tonne statt in den eigenen vier Wänden; Becher, Tassen und Gläser ersetzte er geschickt durch die eigenen zwei Hände und Teller fand er nicht halb so toll wie ausgehöhlte Brotlaibe. Die mussten immerhin nicht gespült werden, und so fiel in seiner Tonne nur selten Hausarbeit an.

Während Diogenes mit seiner genügsamen Bedürfnislosigkeit überaus zufrieden war, waren die übrigen Athener anderer Meinung. Sie gaben ihm den bissigen Beinamen »der Hund«. Aber statt wütend darüber den Kopf in die Tonne zu stecken, nahm er den Namen einfach an – ob aus purer Tierliebe oder aus provokanteren Gründen, ist ungewiss. Sicher hingegen ist, dass es tatsächlich einige Gemeinsamkeiten zwischen einem Hund und Diogenes gab: Auch er liebte das sorglose Liegen in der Sonne, eine Tätigkeit, der er so oft wie gerne nachging – und bei der Alexander der Große ihn einst störte.

Diogenes wurde beim Dösen nur sehr ungern unterbrochen und ignorierte Belästigungen so gut es ging. Doch Alexander der Große warf einen noch größeren Schatten. Diogenes erwachte sofort, als der Feldherr vor ihm stand. Auf die Frage, ob Diogenes einen Wunsch habe, den er, der großmütige Alexander, ihm erfüllen könne, antwortete Diogenes: »Geh mir nur ein bisschen aus der Sonne«. Und nachdem Alexander ihm diesen Wunsch erfüllt hatte, gab er beeindruckt zu: »Wahrlich, wäre ich nicht Alexander, ich möchte wohl Diogenes sein.«

ROQUEFORT

Wer für stürmische Flüsse schwärmt und die weiten Wiesen liebt, wer zärtlich Eichelhäher tätschelt und mit Herzenswärme Hasenpfötchen hätschelt, für den gibt es nur eine, die er lieben wird, und das ist die Natur. So erging es vor langer Zeit auch einem jungen Burschen in Frankreich. Beim Gedanken an ihre natürliche Schönheit, an ihr reines Naturell, war es schnell um ihn geschehen und er beschloss, alles dafür zu tun, um seiner Geliebten so nah wie nur möglich zu sein. Er wurde Schäfer; und einige Jahre lang war er beim Schafehüten selig, weil eins mit ihr.

Eines Tages aber wurde das Idyll dieser reinen Zweisamkeit getrübt, der Hirte wurde flatterhaft. Als er nämlich die grasende Herde kurz aus den Augen und seinen Blick stattdessen über die herrliche Landschaft schweifen ließ, hielt er irritiert inne. Ihm stockte der Atem. Aber nicht, wie sonst üblich, weil er den Klang eines besonders prächtig plätschernden Bächleins vernommen oder einen sagenhaft stattlichen und sensationell sattgrünen Baum erblickt hatte. Nein, er sah ein bildschönes Mädchen, dort, am Ende der Weide, zwar weit entfernt, aber doch so nah, dass er sich sicher war, er könne es erreichen, wenn er nur schnell genug eilte. Rasch packte er seine sieben Sachen, ruckzuck war sein Bündel voll; zu voll jedoch für sein Vesper, das er drum in einer nahegelegenen Höhle zurückließ, geschützt vor Wind und Wetter. Hatte er doch ohnehin so viele Schmetterlinge im Bauch, dass weder für Roggenbrot noch für Schafskäse Platz war. Dann zog er los, überließ die Herde dem Hund und die Schafe ihrem Schicksal.

Drei ganze Monate dauerte die liebesblinde Lustpartie. Um des siebten Himmels willen war dem Hirten alles einerlei geworden: Die Arbeit blieb unverrichtet, die Pflicht war ihm nichtig, die Verantwortung nicht mehr wichtig. Doch wo die schnelle Liebe hinfällt, ist sie bald hinfällig, und so kam er schließlich doch wieder zurück. Weil er nicht nur müde vom Gehen sondern auch ausgehungert vom Begehren war, wollte er sich unverzüglich auf das versteckte Proviant stürzen, schritt schnurstracks in die Höhle und sah zu seinem Entsetzen, dass ein fieser Schimmelpilz nicht nur das Brot ungenießbar gemacht, sondern noch dazu den Käse befallen hatte. Der hungrige Hirte war den Tränen nahe, doch in seiner Verzweiflung biss er trotzdem zu, zunächst zaghaft, dann kräftiger, und siehe da, der schimmelige Käse schmeckte … gut!

So hat ein junger liebestoller, pflichtvergessener Taugenichts den Roquefort erfunden.

ALEXANDER FLEMING – PENICILLIN

Wer kränkelt, hat's nicht immer leicht im Leben. Da gibt's Beschwerden ohne Ende: Wenn das Glühen in den Augen nicht durch ungestüme Leidenschaft verursacht wird, sondern vom Fieber der Blutvergiftung kommt; wenn Schluck für Schluck der Scharlach entsetzlich schmerzt; wenn die Leiden einer Lungenentzündung den Patienten so sehr peinigen, dass ihm nicht nur vor Empörung darüber die Luft weg bleibt.

Jaja, so eine bakterielle Infektion ist unangenehm. Immerhin, und das ist doch schon mal was, führt das endlos scheinende Leiden nicht mehr zwangsläufig zum Tod. Der Kranke kann beruhigt aufatmen. Es sei denn, seine Lungenentzündung hindert ihn daran. Dann reicht ein erleichtertes Lächeln. Lachen ist ohnehin gesund, das sagt der Volksmund, während die Schulmediziner lieber zum Penicillin greifen, das hilft, wo es nur kann und vor allem bei bakteriellen Infektionen. Das Penicillin haben die Kranken einem Schotten zu verdanken, der nicht nur ein geschultes Auge für Schimmelpilze, sondern zudem ein Händchen hatte, seine freie Zeit für sich arbeiten zu lassen: Alexander Fleming.

Fleming war Bakteriologe in einem Londoner Krankenhaus. Da gab es immer viel und stets genug zu tun, weshalb die freie Zeit pausenlos zu kurz kam und auch an Urlaub kaum zu denken war. Doch im Sommer 1928 war alles anders, als Alexander Fleming ausnahmsweise ein paar Tage frei hatte, in denen er die staubige Stadt hinter sich lassen und das lauschige Weite suchen wollte.

Cornwall kam ihm sehr gelegen. Dort konnte er sorgenfrei und stillvergnügt die Seele baumeln lassen und beim Blick über die unruhige See zur Ruhe kommen. Doch vor der Fahrt ins grüne Glück wollte er noch sein nächstes Experiment vorbereiten. Eine letzte Bakterienkultur musste angesetzt werden, die sich fleißig vervielfachen sollte, während er sich ganz in Ruhe der Muße hingeben wollte.

Es war der 5. September, als sich Fleming, wohl erholt und motiviert, wieder an die Arbeit machte. Vergnügt trat er an seine Kulturen heran – doch die gute Laune hielt nicht lange an. Grund der schnellen Verstimmung war ein Schimmelpilz, der ein paar der Schalen befallen hatte. Was war Alexander da verärgert, die ganze Müh' umsonst! Nachdem er sich etwas beruhigt, den Zorn gedrosselt, die Wut gezügelt hatte, warf er die Schalen nicht achtlos weg, sondern einen genaueren Blick auf den Pilz.

Und tatsächlich: Der Schimmel war nur scheinbar schlecht. In Wahrheit hatte er auch eine gute Seite, denn er konnte Bakterien töten. Alexander Fleming freute sich sehr, doch zunächst freute sich wirklich nur er. Denn die Reaktionen der übrigen Bakteriologen waren verhalten. Keine begeisterten Jubelrufe, nirgendwo ein anerkennendes Schulterklopfen. Erst 1945 erhielt er den Nobelpreis für die Entdeckung des Penicillins, die ohne den kurzen Müßiggang in Cornwall vielleicht niemals gemacht worden wäre.

Über 100 Seiten
mit Faulheit zu füllen
ist ein Oxymoron.

LOREM · IPSUM · DOLOR · SI · AMET · CONSEC TETUR · ADIPISIC · ELIT · SED · EIUSMOD · TEM POR · INCIDUNT · UT · LABORE · ET · DOLORE MAGNA · ALIQUA. · UT · ENIM · AD · MINIM VENIAM · QUIS · NOSTRUD · EXERCITATION ULLAMCO · LABORIS · NISI · UT · ALIQUID · EX EA · COMMODI · CONSEQUAT · QUIS · AUTE · IURE REPREHENDERIT · IN · VOLUPTATE · VELIT ESSE · CILLUM · DOLORE · EU · FUGIAT · NULLA PARIATUR. · EXCEPTEUR · SINT · OBCAECAT CUPIDITAT · NON · PROIDENT · SUNT · IN · CULPA QUI · OFFICIA · DESERUNT · MOLLIT · ANIM · ID EST · LABORUM ·DUIS · AUTEM · VEL · EUM IRIURE · DOLOR · IN · HENDRERIT · IN · VULPU TATE · VELIT · ESSE · MOLESTIE · CONSEQUAT VEL · ILLUM · DOLORE · EU · FEUGIAT · NULLA FACILISIS · AT · VERO · EROS · ET · ACCUMSAN ET · IUSTO · ODIO · DIGNISSIM · QUI · BLANDIT PRAESENT · LUPTATUM · ZZRIL · DELENIT AUGUE · DUIS · DOLORE · TE · FEUGAIT · NULLA FACILI · LOREM · IPSUM · DOLOR · SIT · AMET

Hektik ist
vergeudete
Zeit.

Nichtstun ist
vergoldete
Zeit.

Werther

verliebt sich in Lotte,

Lottes Verlobter

ist

zurück

Werthers Eifersucht wird

zu

Todessehnsucht

Werther

erschießt sich.

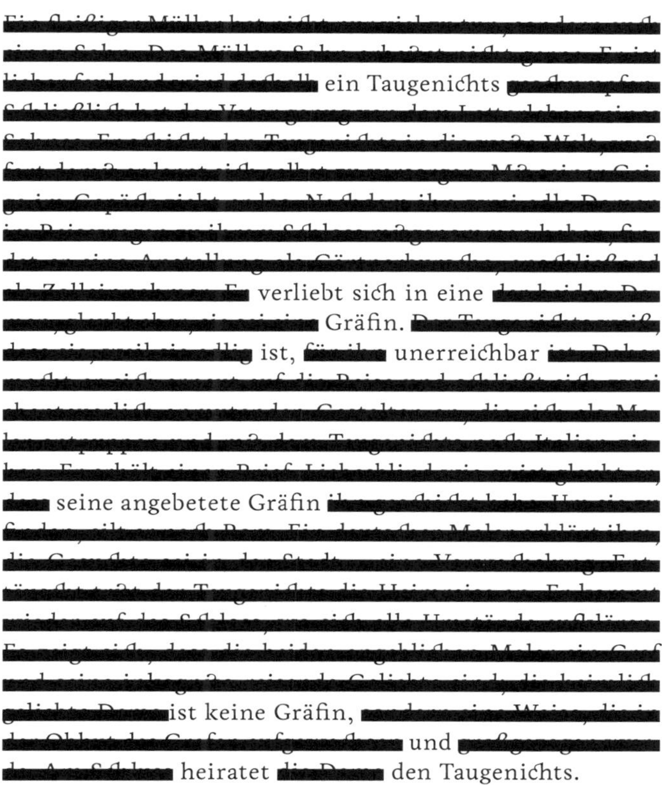
ein Taugenichts
verliebt sich in eine
Gräfin.
ist,
unerreichbar
seine angebetete Gräfin
ist keine Gräfin,
und
heiratet
den Taugenichts.

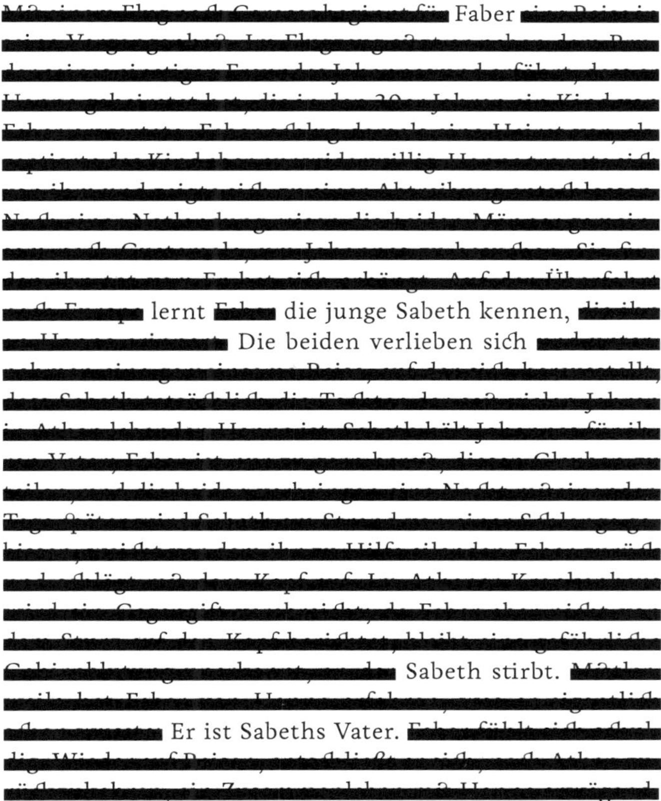
Faber
lernt
die junge Sabeth kennen,
Die beiden verlieben sich
Sabeth stirbt.
Er ist Sabeths Vater.

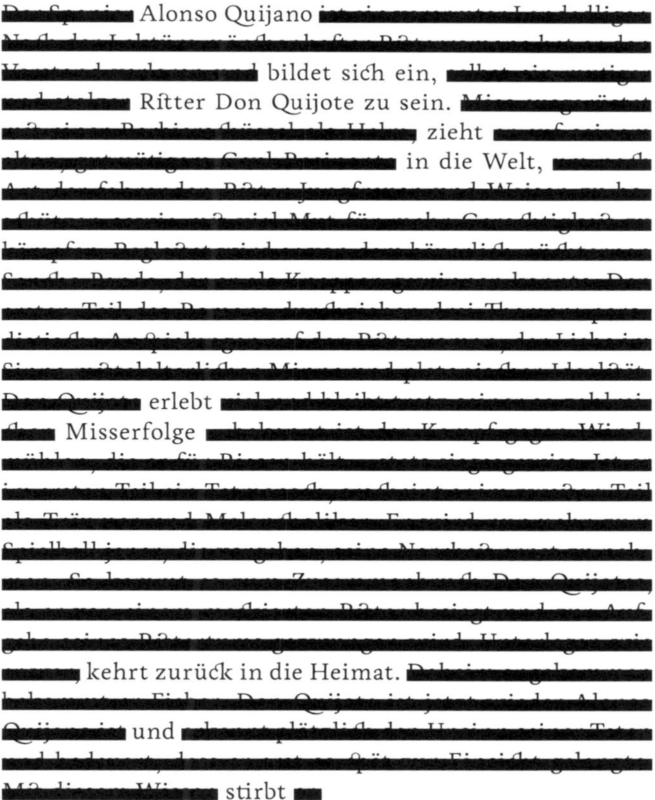

Alonso Quijano
bildet sich ein,
Ritter Don Quijote zu sein.
zieht
in die Welt,
erlebt
Misserfolge
kehrt zurück in die Heimat.
und
stirbt

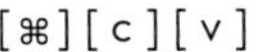
[⌘] [c] [v]

Weniger ist m
ist mehr ist weniger i
weniger ist mehr ist weniger ist
mehr ist weniger ist mehr ist wenige
ist mehr ist weniger ist mehr ist weni
ist mehr ist weniger ist mehr ist weniger
ist weniger ist mehr ist weniger ist mehr ist
ist mehr ist weniger ist mehr ist weniger ist
weniger ist mehr ist weniger ist mehr ist weniger i
ist mehr ist weniger ist mehr ist weniger ist mehr ist
weniger ist mehr ist weniger ist mehr ist weniger ist
mehr ist weniger ist mehr ist weniger ist mehr ist weniger
mehr ist weniger ist mehr ist weniger ist mehr ist weniger is
ist weniger ist mehr ist weniger ist mehr ist weniger ist me
weniger ist mehrr ist weniger ist mehr ist weniger ist mehr is
ger ist mehr ist weniger ist mehr ist weniger ist mehr ist we
ist mehr ist weniger ist mehr ist weniger ist mehr ist weni
ist mehr ist weniger ist meh ist weniger ist mehr ist weniger ist mehr ist
ger ist mehr ist weniger ist mehr ist weniger ist mehr ist weniger ist mehr ist weni
ist weniger ist mehr ist weniger ist mehr ist weniger ist mehr ist weniger ist mehr ist w
weniger ist mehr ist weniger ist mehr ist weniger ist mehr ist weniger ist mehr ist wen
wenigeristmehristwenigeristmehristwenigeristmehristwenigeristmehristwenigeristmehristwe
wenigeristmehristwenigeristmehristwenigeristmehristwenigeristmehristwenigeristmehristwenig
mehristwenigeristmehristwenigeristmehristwenigeristmehristwenigeristmehristwenigertmehristwen
mehristwenigeristmehristwenigeristmehristwenigeristmehristwenigeristmehristwenigeristmehristwe
[illegible]
[illegible]
[illegible]
[illegible]

r ist weniger
mehr ist weniger ist mehr ist
r ist weniger ist mehr ist weniger ist
mehr ist weniger ist mehr ist weniger
t mehr ist weniger ist mehr ist weniger
hr ist weniger ist mehr ist weniger ist mehr
er ist mehr ist weniger ist mehr ist weniger
ist weniger ist mehr ist weniger ist mehr ist
ist weniger ist mehr ist weniger ist m ehr ist weniger
ist mehr ist weniger ist mehr ist weniger ist mehr ist
t weniger ist mehr ist weniger ist mehr ist weniger ist
r ist weniger ist mehr ist weniger ist mehr ist weniger ist
st weniger ist mehr ist weniger ist mehr ist weniger ist mehr
niger ist mehr ist weniger ist mehr ist weniger ist mehr ist
r ist mehr ist weniger ist mehr ist weniger ist mehr ist weni-
mehr ist weniger ist mehr ist weniger ist mehr ist weniger
nehr ist weniger ist mehr ist weniger ist mehr ist weniger
mehr ist weniger ist mehr ist weniger ist mehr ist weniger ist mehr ist weni-
r ist weniger ist mehr ist weniger ist mehr ist weniger ist mehr ist weniger ist mehr
nehr ist weniger ist meht weniger ist mehr ist weniger ist mehr ist weniger ist mehr ist
stwenigeristmehristwenigeristmehristwenigeristmehristwenigeristmehristwenigeristmehrist
ristwenigeristmehristwenigeristmeristwenigeristmehristwenigeristmehristwenigeristmehrist
wenigeristmehristwenigeristmehristwenigeristmehristwenigeristmehristwenigeristmehristwenigerist
wenigeristmehristwenigeristmehristwenigeristmehristwenigeristmehristwenigeristmehristwenigerist
wenigerWistmehristweni[illegible]
[illegible]
[illegible]
[illegible]
[illegible]

AUSGANG

zu faul, um das letzte Wort zu

»Das Leben ist kein Garten Eden. Tagein, tagaus müssen dringende Dinge und anstehende Aufgaben erledigt und zahllose Pflichten erfüllt werden. Wir sind gefangen im immer gleichen Alltagstrott, ständig kommt ein Muss daher, selten ein Kann, kaum ein Darf.« – Dass einem dabei schon mal die Puste ausgehen und die Lebensfreude abhanden kommen kann, ist nur allzu verständlich.

Aber muss das denn so sein? Oder geht es auch anders? Und ob! Denn es gibt es, das Recht auf Faulheit. Und hier wurde ihm ein heiteres Buch gewidmet, das augenzwinkernd und doch schonungslos unser Leistungsdenken infrage stellt. Schluss mit dem Gehetze, Schluss mit der Plackerei!

Dabei kann es nicht nur sehr erbaulich, sondern auch ungemein befreiend sein, einmal die Hände in den Schoß zu legen, einmal fünfe gerade sein zu lassen und sogar einmal ungerührt das Klingeln des Weckers zu überhören – und genau das beweist die Autorin Kathrin Radke mit einer Fülle von Ideen, mit klugem Witz und leichtem Humor.

Kathrin Radke wurde 1988 geboren und verbrachte die ersten Lebensjahre Landluft liebend und Berge besteigend im Allgäu. Aus der schönen Seen-und-Wälder-Welt zog es sie schließlich hinaus in die fremde Ferne: Linz, Nürnberg, Berlin, immer auf der Suche nach dem Wohlklang der Wörter und getrieben von der Sehnsucht nach den schönen Dingen.

Heute lebt, schreibt und gestaltet sie, wo sie sich Zuhause fühlt: In den Bergen, auf einem Berg, zumindest aber mit einem Berg im Blick.

Uns liegt ein nachhaltiger Umgang mit dem Medium Buch am Herzen: Wir lassen unsere Bücher möglichst klimaausgleichend und mit mineralölfreien Farben in Deutschland drucken und binden. Außerdem unterstützen wir Naturschutzprojekte und verzichten seit einigen Jahren auf das Folieren der Bücher.

Dritte Auflage 2025
kunstanstifter GmbH & Co. KG
Werderstraße 31, 68165 Mannheim
info@kunstanstifter.de

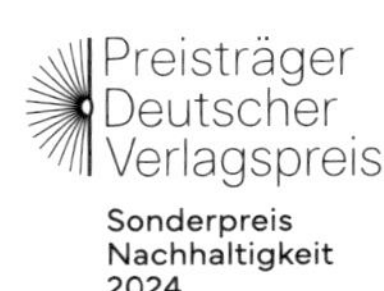

Text, Typographie und Layout, auch Umschlag:
Kathrin Radke

Gedichte:
S. 75 Gotthold Ephraim Lessing »Die Faulheit«
S. 77 Eugen Roth »Das Riesenfaultier« Eugen Roth, Sämtliche Werke. München – Wien 1977, Bd.1/5.
S. 78 Erich Kästner »Bürger, schont eure Anlagen« aus: »Als ich ein kleiner Junge war«

S. 81 Wilhelm Busch »Unentbehrlich«
S. 83 Eugen Roth »Allzu eifrig« Eugen Roth, Sämtliche Werke. München – Wien 1977, Bd.1/5.
S. 85 Gotthold Ephraim Lessing »Lob der Faulheit«

Korrektorat: Nele Sell, Mannheim
Schrift: Livory und Brandon Grotesque
Papier: 100 g/m² EOS Werkdruck
Druck und Bindung: Druckerei VOGL GmbH & Co. KG, Zorneding

Herstellt in Deutschland
ISBN 978-3-942795-29-6

natureOffice.com/DE-137-2GBC3JT